MANUAL
ANTIBULLYING

DR. GUSTAVO TEIXEIRA

MANUAL ANTIBULLYING
para alunos, pais e professores

CIP-BRASIL. CATALOGAÇÃO-NA-FONTE
SINDICATO NACIONAL DOS EDITORES DE LIVROS, RJ.

T266m Teixeira, Gustavo
Manual antibullying: para alunos, pais e professores / Gustavo Teixeira. – Rio de Janeiro: Best*Seller*, 2011.

ISBN 978-85-7684-540-9

1. Assédio nas escolas - Prevenção. 2. Violência nas escolas. I. Título.

11-0426. CDD: 371.58
CDU: 37.064

Texto revisado segundo o novo Acordo Ortográfico da Língua Portuguesa.

Título original:
BULLYING NA ESCOLA
Copyright © 2010 by Gustavo Henrique Teixeira

Capa: Elmo Rosa
Editoração eletrônica: Abreu's System

Todos os direitos reservados. Proibida a reprodução, no todo ou em parte, sem autorização prévia por escrito da editora, sejam quais forem os meios empregados.

Direitos exclusivos de publicação em língua portuguesa para o Brasil reservados pela
EDITORA BEST SELLER LTDA.
Rua Argentina, 171, parte, São Cristóvão
Rio de Janeiro, RJ – 20921-380
que se reserva a propriedade literária desta tradução

Impresso no Brasil

ISBN 978-85-7684-540-9

Seja um leitor preferencial Record.
Cadastre-se e receba informações sobre nossos lançamentos e nossas promoções.

Atendimento e venda direta ao leitor:
mdireto@record.com.br ou (21) 2585-2002

Agradeço a toda equipe da Editora Best*Seller* e do Grupo Editorial Record pelo empenho e dedicação na concretização desta obra.

Dedico este livro ao Pedrinho, minha inspiração. Que ele cresça, seja habilidoso e saiba combater a violência escolar com muita inteligência.

Sumário

Prefácio 11

Introdução 15

    1. O que é o bullying? 19

    2. Quais são as principais características do bullying? 23

    3. Agressores, alvos e testemunhas: quem são os personagens desta história? 31

    4. Cyberbullying 41

    5. Quais são as causas? 51

    6. Quais são as consequências? 55

7. Sinais de Alerta: Como identificar se um aluno está sendo alvo de bullying?.. 63

8. Prevenção na escola e o programa antibullying 69

9. Guia dos Pais.. 95

10. Sites Recomendados 99

Bibliografia.. 101

Sites de Referência.................................... 105

O autor 107

Contatos... 111

Prefácio

No ano de 2000, tive conhecimento de trabalhos realizados e publicados sobre agressividade entre estudantes. Em outubro de 2001, visitei instituições em Londres e vi o quanto o tema já era importante em vários países da Europa. Por duas vezes estive com Michele Elliott, diretora da instituição Kidscape. Ali, fui municiado com publicações e informações detalhadas sobre o fantástico trabalho dessa instituição na prevenção e no atendimento aos casos de bullying. Ainda em Londres, visitei a sede da Childline, megainstituição fundada em 1986, e que recebe telefonemas de todo o Reino Unido sobre crianças e adolescentes em situação de risco, sendo o comportamento bullying a principal queixa recebida.

De volta ao Rio de Janeiro, através da Associação Brasileira Multiprofissional de Proteção à Infância e à Adolescência (ABRAPIA), desenvolvemos um projeto sobre o tema. Durante pouco mais de um ano, entre agosto de 2002 e outubro de 2003, quase seis mil estudantes do ensino fundamental de escolas públicas e privadas responderam a questionários sobre a agressividade escolar e o comportamento bullying. Professores e pais passaram a discutir o tema e assim foram dados os primeiros passos para a implantação de uma política antibullying nas escolas.

Foi dada a partida. Conseguimos levantar o véu que encobria uma situação por quase todos conhecida e até mesmo vivida: a agressividade entre alunos, a humilhação, a discriminação, as ofensas e a violência um tanto velada. Uma situação de atos repetidos, verdadeiros assédios, praticados contra algumas crianças nas escolas, por seus próprios colegas. A maioria das pessoas, sobretudo os professores, conhecia essa realidade, mas não aprendera a valorizá-la porque ignorava suas consequências ou não as conhecia tanto quanto as vítimas.

Pesquisas em todos os países mostram que vítimas de bullying podem sofrer muito, desenvolver quadros depressivos, culminando até em tentativas de suicídio. Mas o que dizer daqueles que praticaram essa forma de violência contra seus companheiros? Serão eles os adolescentes e adultos violentos do futuro? E as testemunhas silenciosas, que a tudo assistem sem nada fazer? Será que vão crescer com sentimento de culpa pela sua covardia?

Dr. Gustavo Teixeira, médico especialista em comportamento infantil e palestrante internacional competente, responde a essas e outras dúvidas utilizando uma linguagem objetiva e clara para o entendimento de pais e educadores.

Manual Antibullying é leitura recomendada e indispensável para todos que desejam uma escola mais segura e acolhedora. O livro explica de forma objetiva as características do bullying, suas causas, consequências, e propõe um programa preventivo prático para ser implantado na escola. O leitor aprenderá aqui sobre os principais sinais de alerta para identificar crianças ou adolescentes alvos de violência e terá ferramentas essenciais para a criação de um projeto antibullying eficiente na escola.

Como pediatra, valorizo muito a prevenção, e como jornalista, conheço bem a importância da comunicação. Este livro ensina a evitar o bullying. Sua divulgação intensa é fundamental para prevenir e combater a violência nas escolas. Esta é uma obra de grande importância para a orientação de pais e professores na luta pela inclusão de estudantes e na promoção de uma escola mais saudável.

Dr. Lauro Monteiro,
médico pediatra e editor do site
www.observatoriodainfancia.com.br

Introdução

Nos últimos anos tenho me dedicado à aplicação de cursos psicoeducativos para professores em escolas de todo o país e também no exterior. De todos os temas relativos aos problemas comportamentais de crianças e adolescentes na sala de aula, aquele que sempre desperta o maior interesse e preocupação de educadores é o bullying. Essa palavra inglesa evoca os mais diversos sentimentos, pois a dor provocada nas vítimas se transforma em cicatrizes para o resto da vida.

Para termos uma ideia da dimensão do problema, uma pesquisa realizada no Brasil em 2008 pela International Plan Brasil, uma organização não governamental de proteção à infância, entrevistou cerca de 12 mil estudantes de escolas brasileiras e constatou que setenta por cento dos alunos pesquisados afirmaram ter sido vítimas de violência escolar. E oitenta e quatro por cento apontaram suas escolas como violentas. Esses dados reforçam a ideia de que alguma coisa precisa ser feita para modificar essa triste realidade.

Uma questão que deve ser enfatizada é o caráter global que o bullying representa, atingindo escolas no mundo inteiro. Nesse ponto, a violência escolar não faz distinções, envolvendo estudantes de colégios em países ricos e pobres, localizadas em grandes metrópoles e centros urbanos ou em pequenas e remotas comunidades e vilarejos da zona rural. Ela está presente em escolas pequenas, com poucos alunos, ou em grandes instituições de ensino tradicionais e de disciplina rígida ou de ensino liberal, aplicadoras de diferentes métodos pedagógicos, de orientação religiosa ou não. Todas, sem exceção, convivem com o comportamento bullying.

Por isso decidi escrever um guia para pais e professores que pudesse orientá-los na identificação de possíveis vítimas dessa calamitosa epidemia de violência que agride, maltrata e assusta nossos fi-

Introdução

lhos e alunos, apresentando também uma opção de tratamento definitivo através de um programa antibullying realmente eficiente e que possa ser colocado em prática dentro de qualquer instituição de ensino brasileira, levando em conta nossas particularidades regionais.

Boa leitura!
Gustavo Teixeira

CAPÍTULO 1

O QUE É O BULLYING?

O bullying pode ser definido como o comportamento agressivo entre estudantes. São atos de agressão física, verbal, moral ou psicológica que ocorrem de modo repetitivo, sem motivação evidente, praticados por um ou vários estudantes contra outro indivíduo, em uma relação desigual de poder, normalmente dentro da escola. Ocorre principalmente em sala de aula e no horário do recreio. A palavra bullying é um termo inglês e deriva do verbo *to bully*, que significa ameaçar, intimidar e dominar. Não existe uma tradução exata para esse termo, mas a expressão resume bem o conjunto de comportamentos agressivos que tanto preocupa pais e professores.

Bullying entre estudantes é um fenômeno antigo. Mas foi a partir dos estudos do pesquisador nórdico Dan Olweus, no início da década de 1970, que o problema passou a ser estudado com maior interesse pela comunidade científica internacional. Entretanto, a atenção da população sobre o assunto ocorreu pouco mais de uma década depois, em 1982, após um trágico acontecimento que ganhou repercussão nos jornais noruegueses da época. Três jovens estudantes, entre 10 e 14 anos de idade, haviam cometido suicídio em consequência de bullying na escola em que estudavam. Uma grande comoção tomou conta do país e culminou com uma campanha nacional de prevenção ao comportamento bullying, coordenada pelo Ministério da Educação norueguês nas escolas de ensino fundamental.

Todos nós precisamos entender que o bullying está relacionado com poder. Quando identificamos, por exemplo, dois estudantes brigando, e não existe um desequilíbrio de forças, isto é, ambos são munidos de capacidades físicas e psicológicas semelhantes, e não há uma assimetria nessas relações de poder, não estamos lidando com o bullying.

Então, o comportamento bullying sempre segue um padrão: uma relação desigual de poder em que um ou mais alunos tentam subjugar e dominar outros jovens. O estudante alvo de bullying pode ser exposto a diferentes formas de agressão, entretanto não é capaz de se defender. Esse desequilíbrio de poder determina a repetição e a manutenção do comportamento agressivo de estudantes que tentam a todo custo dominar e humilhar o outro aluno.

CAPÍTULO 2

QUAIS SÃO AS PRINCIPAIS CARACTERÍSTICAS DO BULLYING?

O bullying é um fenômeno que tem sido relatado em escolas de todo o mundo e infelizmente é uma experiência comum para crianças e adolescentes. Estudos realizados em diferentes países indicam que mais de trinta por cento de todas as crianças em idade escolar são ou já foram vítimas de bullying nas escolas e pelo menos dez por cento dessas crianças são vítimas regulares desse tipo de violência.

Um levantamento realizado no Brasil pela ABRAPIA (Associação Brasileira Multidisciplinar de Proteção à Infância e à Adolescência) em 2002, envolvendo quase seis mil alunos do sexto ao nono ano do ensino fundamental, de 11 escolas do município do Rio de Janeiro, revelou que 40,5% dos estudantes admitiram ter algum envolvimento com o comportamento bullying, sendo 16,9% como vítimas, 12,7% agressores, e 10,9% afirmaram ser vítimas e também agressores.

Posso afirmar que o problema está mais perto de nós do que qualquer um possa imaginar. De uma forma geral podemos dizer que aproximadamente um em cada três alunos está diretamente envolvido nesse problema, como alvo ou autor de bullying. São crianças e adolescentes em idade escolar vivenciando ativamente o comportamento doentio que machuca e violenta toda uma geração de estudantes dia após dia.

Os estudos também identificam os locais onde esses atos agressivos mais ocorrem. O grande palco dessa tragédia é a própria sala de aula, seguido pelo pátio do recreio escolar, além das imediações da escola, durante o período de chegada e saída dos alunos.

Basicamente os sintomas do bullying podem ser divididos em quatro categorias: física, verbal, moral ou psicológica e sexual. Os sintomas de agressão física estão relacionados com atos violentos como bater, chutar, empurrar, derrubar, ferir e perseguir. Os sintomas verbais são os xingamentos, ameaças, intimidações e gritos. A violência moral ou psicológica está relacionada com outros atos violentos que agridem a alma da pessoa. Nesse caso, a autoestima do agredido é devastada por ações que visam a humilhar, desqualificar, amedrontar e aterrorizar o estudante com apelidos, ofensas, discriminações, intimidações, gozações e exclusão social. A quarta categoria de agressões se refere às intimidações de caráter sexual, caracterizado por insinuações, assédios e tentativas de abusar e de violentar a vítima. Nesse tipo de bullying, os alvos são as meninas, pré-adolescentes e adolescentes que na maioria das vezes convivem com esse tipo de violência também em outros ambientes sociais.

Podemos também dividir o bullying — pela forma como as agressões são dirigidas às vítimas — em duas categorias: o bullying direto e o bullying indireto. No bullying direto presenciamos ataques deliberados. O agressor ataca sua vítima de forma verbal, com xingamentos, ameaças e intimidações, ou fisicamente, com chutes, socos e empurrões. São os atos mais facilmente identificados e praticados, principalmente pelos meninos.

> **Tipos de Agressão no Bullying**
>
> FÍSICA: bater, chutar, empurrar, derrubar, ferir, perseguir.
>
> VERBAL: xingar, ameaçar, intimidar e gritar.
>
> MORAL OU PSICOLÓGICA: amedrontar, apelidar, discriminar, humilhar, intimidar, dominar, tiranizar, excluir, assediar e perseguir.
>
> SEXUAL: assediar, insinuar, abusar e violentar.

No bullying indireto presenciamos atos velados, escondidos, em que o agressor ataca sua vítima de forma subliminar. Normalmente esse assédio é executado por difamação, isolamento e exclusão social, por exemplo.

Essas características são marcantes na hora em que descrevemos os perfis masculinos e femininos dos agressores. Nos meninos costumamos identificar atos mais agressivos e hostis, prevalecendo a força física e ações mais diretas e violentas. Já as meninas tendem a ser mais indiretas nas agressões, praticando principalmente atos de exclusão, inventando histórias difamatórias, criando intrigas, espalhando fofocas, por exemplo. Talvez pela presença de comportamentos mais disfarçados e muitas vezes escondidos, o bullying entre as meninas pode ser mais difícil de identificar e tratar.

Bullying na Escola

Ameaçar	Empurrar
Amedrontar	Ferir
Agredir	Furtar
Assediar	Isolar
Bater	Hostilizar
Colocar apelidos	Humilhar
Chutar	Intimidar
Dominar	Insinuar
Derrubar	Ofender
Discriminar	Perseguir
Excluir	Quebrar objetos pessoais

João, 12 anos de idade, é um paciente que atendo no consultório há pouco mais de um ano. Seus pais me procuraram no início de junho porque João estava apresentando uma série de problemas na escola. Aquele era um ano de mudanças na vida do pequeno estudante. O pai havia trocado de emprego, o que motivou a mudança de residência do Leblon para a Barra da Tijuca, bairro onde passou a viver com os pais e uma irmã mais velha.

João foi, então, matriculado em uma nova escola. Ele, que sempre fora um excelente aluno, começou bem o ano letivo, entretanto passou a ter problemas de relacionamento com um grupo de garotos. João era o único aluno novo na turma de 25 estudantes do sétimo ano do ensino fundamental e passou a ser diariamente ridicularizado e excluído no recreio, sendo chamado de "estranho" e "esquisito" pelo grupo de seis agressores 'bullies'. Não demorou e a mãe passou a perceber um grande desinteresse pela nova escola, mas, pensando inicialmente se tratar de um período natural de adaptação, apenas contatou a coordenação, que prometeu prestar mais atenção ao aluno.

Três meses se passaram e os problemas de João se intensificaram. Além das agressões verbais e exclusão, ele passou a ser agredido fisicamente por empurrões e pontapés Foi nessa época que a mãe de João descobriu que algo de muito errado estava ocorrendo com o filho. Através de conversas com a mãe de uma colega da sala de aula, ela tomou conhecimento de que João estava sendo agredido diariamente no recreio.

A mãe procurou a escola, mas a coordenação não valorizou as queixas, referindo-se ao comportamento dos alunos como "algo normal da idade" e justificando que tudo passaria com o tempo, pois João era aluno novo na turma.

Quando conheci o garoto, ficaram claros os prejuízos emocionais e acadêmicos que o jovem estava enfrentando em consequência do bullying. Desmotivado, triste e com medo de ir à escola, João apresentava um desempenho acadêmico muito abaixo do esperado.

Realizei inúmeros contatos com a escola na intenção de auxiliar com intervenções escolares de orientação e prevenção ao bullying e para a proteção do aluno contra as agressões, entretanto a escola se mostrou descrente quanto ao problema. As aulas prosseguiram e a violência escolar aumentou ainda mais, pois agora os bullies acusavam João de "dedo-duro" e o chamavam de "mulherzinha".

Com a completa negação da existência do problema e a notória incapacidade de agir contra essa grave questão, que colocava em risco a saúde e a aprendizagem do pequeno João, foi tomada a decisão extrema de mudá-lo de escola. Hoje, João está feliz no novo colégio, tem boas notas, é bem aceito pelos estudantes e tem muitos colegas na sala de aula.

CAPÍTULO 3

Agressores, alvos e testemunhas: quem são os personagens desta história?

Agressores ou Bullies

O estudo sobre o comportamento bullying nos permite identificar perfis psicológicos de cada personagem dessa triste história. Os autores de bullying, também chamados de bullies ou agressores, apresentam características peculiares de comportamento, como uma agressividade e impulsividade mais exacerbada do que a maioria dos outros estudantes e um desejo por dominar, humilhar e subjugar os demais. Eles são fisicamente mais fortes e suas posturas de confronto e desafio podem ser também identificadas contra pais, professores e outros adultos.

Os bullies se julgam superiores e, diferentemente do que acredita o senso comum, não possuem baixa autoestima, normalmente são muito autoconfiantes e podem ser considerados populares por muitos estudantes. São também mais habilidosos socialmente, isto é, mais comunicativos, mais falantes e mais extrovertidos, principalmente quando o comportamento bullying se desenvolve nos últimos anos do ensino fundamental e durante o ensino médio. Dessa forma, possuem um poder maior de liderança e são mais aptos para realizar a manipulação de alguns colegas contra outro, por exemplo.

Os agressores mantêm seu status social à custa da violência e da opressão de suas vítimas e se sentem mais poderosos cada vez que agridem e maltratam outros estudantes. Como a covardia é outra marca dos bullies, não costumam agir sozinhos, são seguidos por dois ou mais alunos que reforçam a noção de grupo, utilizando-se disso para impor mais medo e insegurança aos alvos da violência.

Outra característica fundamental, e que ajuda na manutenção desse problema, é que os bullies acreditam que nunca serão punidos por seus atos, e isso é algo a que professores, diretores e coordenadores pedagógicos devem estar atentos. Uma vez que esses agressores acreditam que, por pior que sejam suas atitudes, jamais ocorrerá uma punição escolar. Assim eles perpetuam as agressões e humilhações. Portanto, quando adentrarmos no nosso programa antibullying, uma ação muito importante a ser trabalhada será mostrar que atos de bullying não serão tolerados na escola e que todo comportamento agressivo terá uma consequência.

Existe um desejo pelo domínio dos outros alunos, uma necessidade de poder e afirmação através da violência física, verbal ou moral. Em alguns casos o bully, ou agressor, utiliza de sua força e poder para extorquir dinheiro, roubar o lanche ou conseguir as respostas dos deveres de casa, por exemplo.

A somatória das características do bully facilmente identifica um perfil opositivo e desafiador característico de dois transtornos comportamentais da infância e adolescência e que podem estar presentes: o transtorno desafiador opositivo e o transtorno de conduta.

Vítima ou Alvo

As vítimas ou alvos são aqueles estudantes que recebem as agressões dos bullies. A incapacidade de se defender das agressões e a negação em solicitar ajuda por medo dos agressores, ou por acreditar na impunidade, ajudam na manutenção do problema.

Normalmente são crianças tímidas, retraídas, introspectivas, fisicamente mais fracas, menores e mais jovens que os agressores. Esses alunos possuem poucos amigos e parecem solitários, e passam a maior parte do tempo sozinhos e isolados no recreio escolar, por exemplo. Outra característica comumente observada é que eles apresentam um rendimento acadêmico ruim e não se dão bem nos esportes. Esse é um padrão que costumamos encontrar na maioria das vezes, entretanto vale a pena enfatizar que nem sempre os alvos de bullying apresentam essas características.

Lembro-me muito bem de um caso que foge a essa regra. Foi um paciente que atendi anos atrás. Guilherme era um garoto de 13 anos de idade, estudante do oitavo ano do ensino fundamental e que era constantemente agredido verbalmente por seus colegas pelo fato de ser um excelente aluno. Ele sempre tirava as melhores notas da turma, era elogiado pelos professores e acabou se tornando alvo das agressões por um grupo de quatro alunos repetentes e que invejavam o bom desempenho acadêmico dele.

De uma forma geral, podemos afirmar que o bully está à procura de algo diferente na vítima, uma possível vulnerabilidade que sirva de motivo para agredi-la. Portanto, alunos novos na escola, vindos de outras localidades e de diferentes religiões também são comumente vítimas de bullying.

A vítima pode responder ao agressor através do choro, no caso das crianças pequenas, ou adotando uma postura passiva e permissiva no caso de muitos adolescentes. De uma forma geral, esse comportamento passivo pode ser encarado como um sinal aos autores de bullying de que esses estudantes serão "alvos fáceis" e que não serão retaliados caso os ataquem.

Seguindo esse pensamento, podemos concluir também que a maneira como a vítima reage às agressões poderá determinar se o assédio continuará ou cessará. Por exemplo, aquela criança que consegue se impor e confrontar verbalmente o autor em uma igualdade de poder dificilmente será incomodada novamente. Entretanto, se a criança alvo das ofensas começa a chorar, fica com raiva, demonstra fraqueza ou se mostra intimidada e humilhada, ela terá uma chance maior de continuar a ser agredida pelo bully.

Claramente podemos identificar comportamento bullying na educação infantil e também podemos entender como a forma de a criança reagir às agressões pode determinar se ela continuará a ser agredida no futuro. Observe o caso a seguir:

Bullying no Jardim da Infância

O pequeno Marcio é um bully de 6 anos de idade e adora derrubar os brinquedos e atrapalhar os jogos dos coleguinhas de sala de aula. Quando isso ocorre, Artur começa a chorar, enquanto Pedrinho costuma encarar o agressor e repetir em voz alta: "Não pode fazer isso, Marcio!"

O pequeno Marcio normalmente evita atrapalhar as brincadeiras de Pedrinho, entretanto, insistentemente, ataca Artur durante as atividades de sala de aula ou no recreio escolar.

Vítima Pura e Vítima Provocadora

Dois tipos de vítimas também podem ser identificados: a vítima pura e a vítima provocadora. A vítima pura seria o estudante que não faz nada para se tornar o alvo, ele é escolhido pelo bully.

Chamam a atenção dos agressores por atributos físicos ou pela linguagem corporal, isto é, o agressor consegue identificar sinais que mostram uma criança ou adolescente mais ansioso e com baixa autoestima, por exemplo. Dessa forma, o agressor escolhe sua vítima, alguém que dificilmente revidará a sua hostilidade. Essa vítima pode também ser portadora de um problema físico, mental ou de aprendizagem.

A vítima provocadora é aquele estudante que deliberadamente provoca e irrita os colegas de sala de aula, despertando o desejo de ataque dos bullies. Apesar da postura mais submissa da maioria dos alvos de bullying, esses alunos considerados vítimas provocadoras são estudantes que têm um perfil mais ansioso e explosivo. Eles apresentam uma reação agressiva diante dos assédios de seus agressores e a irritabilidade é encarada como um convite a esses agressores para continuar com o bullying.

Testemunhas

As testemunhas são os alunos que não se enquadram nem entre os autores, nem entre os alvos do bullying, entretanto convivem diariamente com o medo de se tornarem as próximas vítimas das agressões. Uma vez que os índices estimados de agressores e vítimas de bullying giram em torno de trinta por cento dos estudantes, podemos concluir que as testemunhas representam a grande maioria de alunos que convivem como espectadores de toda essa violência na escola.

Geralmente esses alunos demonstram muita ansiedade, preocupações e angústia, e podem se sentir com vergonha de fazer perguntas e esclarecer suas dúvidas com os professores por medo de serem alvos do bullying. Até mesmo a participação em eventos sociais escolares como festas, reuniões e jogos esportivos pode ser comprometida. Para esses alunos a escola também deixa de ser um ambiente seguro e acolhedor, como deveria ser, e eles passam a enxergá-la como um local hostil, perigoso, violento e inseguro. Em alguns casos, quadros de fobia escolar são desencadeados e esses alunos podem demonstrar sintomas de grande ansiedade e medo no momento de ir à escola.

As testemunhas do bullying apresentam muita dificuldade de se posicionar e de defender um colega de sala de aula que seja alvo das agressões. Esse silêncio ajuda os bullies na manutenção de comportamentos hostis contra as vítimas. Na mente dos agressores o comportamento passivo das testemunhas é encarado como legitimação às agressões, pois nada fazem para impedi-las, enquanto para as vítimas essa passividade é entendida como: "Ninguém me ajuda, estão todos contra mim."

Vinícius é um paciente de 10 anos de idade que acompanho no consultório e que cursa o quinto ano do ensino fundamental. Sua mãe me procurou a pedido da coordenação pedagógica devido a sua agressividade contra outro aluno e ao comportamento desafiador com a professora. Vinícius é portador do transtorno desafiador opositivo, um problema de comportamento caracterizado por sintomas de oposição às regras, desafio às figuras de autoridade, desobediência, baixo limiar de frustração e muita impulsividade. Durante os últimos meses a professora de Vinícius percebeu um comportamento perverso, sádico contra um colega de sala. O outro estudante é Felipe, um aluno especial portador da síndrome de Asperger, um tipo de autismo infantil caracterizado principalmente por uma dificuldade de interação social. Felipe era agre-

dido verbalmente por Vinícius com frequência, sendo chamado de "retardado" e violentamente chutado quando descia para o pátio durante o recreio. Vinícius se referia a Felipe como "aquele garoto esquisito" e sempre que tinha oportunidade o agredia com socos, chutes e empurrões.

A coordenadora pedagógica me informou também que, apesar do comportamento bullying de Vinícius ser direcionado especificamente a Felipe, outras três crianças da turma choravam constantemente durante o recreio e procuravam a companhia da professora, demonstrando muita ansiedade e medo do comportamento perverso e hostil de Vinícius contra Felipe.

CAPÍTULO 4

Cyberbullying

Nos últimos anos a facilidade com que os jovens se comunicam pela rede mundial de computadores tem ajudado na popularização de um novo fenômeno: o cyberbullying. Trata-se da versão multimídia da violência escolar, que cresce a cada dia, como uma epidemia, acompanhando o interesse de crianças e adolescentes pelo mundo virtual. Pode ser considerada uma das formas potencialmente mais perigosas e traiçoeiras de violência na escola.

Esses atos de bullying realizados através da internet têm ainda um caráter mais perverso, covarde e que torna o cyberbullying uma ferramenta muito poderosa para aterrorizar outros estudantes. Trata-se da possibilidade de realização das agressões de forma anônima e indireta. Ela permite que seus autores se escondam atrás de identidades falsas ou através de mecanismos que os mantenham no anonimato. Dessa maneira, os alvos podem ser repetidamente agredidos, humilhados e, ainda assim, descobrir quem os agride pode ser algo muito difícil.

Além disso, o anonimato das agressões abre o leque de possíveis autores de bullying, pois permite que um número maior de crianças e adolescentes se tornem agressores. Jovens que não conseguiriam realizar tais atos cara a cara, enfrentando deliberadamente seus alvos, conseguem agredir e ofender escondidos atrás de um computador conectado à internet e mascarados por uma identidade virtual falsa, por exemplo. Por esse motivo, o cyberbullying tem se popularizado muito no sexo feminino, visto a possibilidade de ataques indiretos e da ausência da necessidade de encarar as vítimas pessoalmente.

Para se ter uma ideia de como o cyberbullying tem crescido nos últimos anos, um recente estudo publicado na revista médica *Pediatrics* revelou que o bullying realizado através da internet entre adolescentes e pré-adolescentes cresceu cerca de cinquenta por cento em apenas cinco anos. Outro estudo recente, publicado por uma organização não governamental inglesa de proteção à infância e à adolescência, Action for Children, afirma que um em cada quatro jovens é vítima de cyberbullying regularmente.

Pais, professores e demais profissionais da educação devem aprimorar seus conhecimentos sobre os recursos de computação e internet a fim de aprender sobre as diversas possibilidades de violência através do mundo virtual. Aumentando nossos conhecimentos sobre o cyberbullying podemos orientar melhor nossos filhos e alunos sobre as formas corretas de se comunicar e de se proteger na internet.

As consequências aos alvos do cyberbullying são devastadoras, pois rumores, boatos e todo o tipo de agressão enviada pela internet através de textos, fotos e vídeos são capazes de alcançar um grande número de pessoas em questão de segundos.

Tipos de Cyberbullying

Descrevo a seguir os principais tipos de cyberbullying para que pais, responsáveis, professores e coordenadores pedagógicos tenham conhecimento dos métodos cada vez mais elaborados de agressão e violência executados por crianças e adolescentes contra outros estudantes.

Bullying direto: uma das formas mais comuns de cyberbullying é a agressão direta. O autor envia ameaças e xingamentos em salas de bate-papo, por e-mails, pelo aparelho de celular ou por meio de textos deixados no mural da página pessoal de relacionamento da vítima, os famosos recados do Orkut ou do Facebook.

Criação de websites: hoje em dia é muito fácil a criação de websites. Alguns provedores de internet até disponibilizam áreas livres na internet para a criação e hospedagem de páginas virtuais. Dessa forma, tais páginas podem ser criadas e confeccionadas com a intenção de agredir, ofender, humilhar e difamar algum aluno.

Impersonalização: ocorre quando uma pessoa se faz passar por outra no mundo virtual, seja através da invasão de contas de e-mail ou de perfis nos sites de relacionamento como Facebook ou Orkut. O cyberbully enviará ofensas a terceiros, utilizando o nome da vítima, como suposta autora das mensagens. O objetivo do agressor é atingi-la indiretamente, provocando a ira dos outros alunos contra o suposto autor das mensagens.

Fórum de discussões: blogs, sites de relacionamento e páginas na internet podem ser utilizados para fórum de discussões sobre os mais diversos assuntos. Nesse caso, são verdadeiros grupos de fofocas e difamação, em que um grupo de estudantes denigre a imagem da vítima. Esses autores de cyberbullying podem ainda se esconder atrás de apelidos e manter suas identidades resguardadas. Comumente podem ser identificados fóruns em que os estudantes votam na garota "mais piranha" da escola, o aluno mais feio, mais chato ou odiado, por exemplo. Esses fóruns podem ser lidos por todos, inclusive pelos alvos do cyberbullying.

Postagem de vídeos e fotos: nessa modalidade de cyberbullying, vídeos e fotos registrados através de máquinas fotográficas, câmeras filmadoras ou mesmo celulares são vinculados através de e-mails ou de contas em sites que disponibilizam gratuitamente as postagens de vídeos como o Youtube.

As imagens das vítimas podem ser distribuídas pelo mundo virtual com uma facilidade e velocidade incrível, podendo inclusive ser distorcidas e modificadas para agredir ainda mais seus alvos. Recursos de edição de imagens, adição de áudio e de texto são usualmente utilizados pelos autores de cyberbullying. Raramente tomamos conhecimento desse tipo de violência, embora seja muito comum. Os exemplos mais frequentes são as postagens de vídeos de ex-namorados mantendo relações sexuais com as ex-namoradas ou fotos de momentos íntimos.

Outro tipo comum de postagem de vídeo é a gravação de ataques físicos contra os alvos de bullying. Normalmente são gravados através de celulares e postados na internet. Um exemplo recente foi o ataque contra um estudante em outubro de 2009, na cidade de Ijuí, Rio Grande do Sul. O estudante de 15 anos, que desejava aprender uma profissão na Escola Técnica Estadual 25 de Julho, acabou abandonando os estudos após ser brutalmente espancado por um grupo de oito alunos. Ele ainda assistiu à surra gravada através de um aparelho celular e enviada a ele por um dos agressores. O jovem era novo na escola e passou a ser assediado pelo grupo de bullies. Ele foi apelidado de "playboyzinho fraco" logo nas primeiras semanas de aula. Após o espancamento, o jovem foi questionado sobre os motivos de não ter contado a ninguém sobre as ameaças. E ele afirmou que vivia inseguro e angustiado há meses, mas tinha medo de que, se denunciasse, as agressões pudessem piorar.

Outro caso de cyberbullying que teve repercussão nacional foi o episódio da cidade de Carazinho, também no Rio Grande do Sul, onde os pais de um adolescente foram responsabilizados judicialmente e condenados a pagar uma indenização por danos morais à família de um colega de sala de aula do filho pela criação de uma página na internet com a intenção de ofendê-lo.

Nesse caso, o cyberbully criou um fotolog, uma espécie de diário fotográfico cibernético, e realizou montagens nas quais o rosto da vítima aparecia ligado a um corpo feminino, além de postar mensagens agressivas e difamatórias.

Formas de Cyberbullying
- Agressão direta
- Criação de websites
- Impersonalização
- Fórum de discussões
- Postagens de vídeos e fotos

Antes de terminar este capítulo, gostaria de alertar para um posicionamento errado de muitas instituições de ensino quando o tema é cyberbullying.

Por diversas vezes escutei comentários de coordenadores escolares do tipo: "Ah, se isso ocorre na internet, não tem nada a ver com a escola, isso não é nossa responsabilidade!"

Não é bem assim. Na verdade, todas as questões e os problemas relacionados ao cyberbullying são responsabilidade de toda a sociedade. A internet é apenas um meio de veiculação de informação utilizada para agredir o aluno, sendo este ridicularizado, humilhado, maltratado e exposto também no ambiente escolar. Dessa forma, não existem barreiras territoriais, o cyberbullying agride, maltrata e expõe suas vítimas na escola, no clube, na festa e em qualquer outro ambiente.

Fabiana, 14 anos de idade, é uma paciente que atendo no consultório e cursa o nono ano de um colégio tradicional do Rio de Janeiro. Ela era considerada uma aluna de desempenho mediano e com muitas amigas. A família da estudante ficou assustada quando uma série de e-mails denegrindo a imagem da menina passou a ser enviada a praticamente todos os alunos do colégio. Fabiana estava sendo chamada de "a piranha do nono ano", tendo inclusive sua foto exposta em uma página de relacionamento social em que supostamente convidava alunos do colégio para ter relações sexuais.

Seus pais ficaram chocados quando tudo pareceu desmoronar na cabeça da jovem, que fora pega de surpresa com toda essa história. Desse dia em diante Fabiana passou a ser excluída pelas antigas amigas de sala e se transformou em motivo de piada para um grupo relativamente grande de alunos.

A coordenação do colégio tomou conhecimento do fato e tentou acolher a estudante e sua família. Eles foram encaminhados para a psicóloga, e a escola iniciou também um trabalho para identificar o autor das agressões cibernéticas.

Depois de investigações, foi descoberto que a autoria dos e-mails e da página no site de relacionamento era responsabilidade de uma "amiga" muito próxima de Fabiana. A autora do cyberbullying confessou que fez tudo, pois Fabiana havia ficado com um aluno da escola durante as férias de julho por quem a agressora era apaixonada, e por vingança queria humilhar a antiga amiga.

CAPÍTULO 5

QUAIS SÃO AS CAUSAS?

Existe um consenso de que métodos parentais de criação, isto é, a forma como os pais educam seus filhos, podem ser responsáveis pelo desencadeamento de atitudes violentas na escola. Dessa forma, crianças que habitam lares desestruturados e convivem com pais hostis, agressivos e sem laços afetivos harmoniosos têm uma chance aumentada de desenvolver condutas também marcadas pela agressividade.

Trata-se de um modelo de aprendizagem por espelhamento. Se a criança convive com pais pouco afetuosos e que demonstram um padrão de comportamento que preza a violência e a agressividade como estratégias de resolução de problemas, ela assumirá esse comportamento aprendido com os pais. Soma-se a esse padrão parental agressivo, a falta de afeto e carinho, a ausência de diálogo e a aplicação de punições físicas contra o filho ou filha. Estudos revelam que a máxima "violência gera violência" é verdadeiramente um fator colaborador para o desenvolvimento do bullying, e a criança tomará esses comportamentos como corretos e os levará para o ambiente escolar.

Outro padrão familiar que colabora para o desenvolvimento de atitudes agressivas na infância é a falta de limite e a permissividade dos pais quanto aos comportamentos hostis dos filhos em relação a irmãos, amigos e colegas da escola, por exemplo. A dificuldade que muitos pais enfrentam na imposição de regras e de disciplina pode propiciar o surgimento de verdadeiros "reizinhos da casa". Crianças opositivas, desafiadoras e desobedientes que podem precocemente desenvolver comportamentos agressivos na escola, se tornando um bully.

O temperamento e a personalidade da criança também representam fatores colaboradores ao surgimento do comportamento bullying na escola. Isso significa que muitas características e traços emocionais são definidos geneticamente e algumas crianças são naturalmente mais impulsivas, agressivas e hostis. Essas crianças apresentam maiores chances de desenvolver o comportamento bullying na escola, enquanto as crianças mais calmas e menos impulsivas terão menos chances de se tornarem bullies.

Paulinho é um garoto de 16 anos de idade, estudante do segundo ano do ensino médio de um colégio em Botafogo, zona sul do Rio de Janeiro, e vive com os pais e duas irmãs mais novas no bairro de Copacabana. Sua mãe procurou minha ajuda após a quarta suspensão escolar devido ao comportamento agressivo com outros alunos.

Na última semana ele bateu em dois estudantes do ensino fundamental, furtou o dinheiro de suas mochilas e os trancou no banheiro do colégio por quase duas horas, até que um inspetor de alunos as encontrou chorando enquanto trancadas. Consta também que esses dois estudantes são vítimas regulares das agressões e perseguições de Paulinho.

Segundo a coordenadora pedagógica, existe a suspeita de que Paulinho é agredido fisicamente em casa por seu pai, pois constantemente o jovem aparece com marcas e hematomas injustificados pelo corpo e, quando questionado sobre os motivos da violência com os outros colegas de escola, ele sempre afirma:

— *"Homem que é homem tem que aprender a bater e apanhar sem chorar. Meu pai fala que "fracotes" tem que apanhar, mesmo! A vida é assim!"*

A coordenadora também relata que seus pais sempre adotam uma postura de negação em relação aos problemas disciplinares do filho e minimizam a agressividade do estudante. Na última semana a mãe desabafou com uma das professoras de Paulinho e disse que o pai bate muito no filho quando bebe e que o casal está em crise conjugal há mais de um ano.

CAPÍTULO 6

QUAIS SÃO AS CONSEQUÊNCIAS?

As consequências para os alunos vítimas de bullying são devastadoras. Esses estudantes experimentam um grande sofrimento psíquico que pode interferir intensamente no desenvolvimento social, emocional e em sua performance escolar.

Os estudos científicos evidenciam que, devido à série de violência sofrida repetidamente por esses alunos, os prejuízos a longo prazo podem ser irreparáveis. Normalmente encontramos crianças e adolescentes com níveis de estresse altíssimos, com mais chances de apresentar prejuízos acadêmicos graves. E isso provoca muitas vezes a reprovação escolar, além do desinteresse pelos estudos, mudanças sucessivas de escolas na tentativa de fugir das agressões e até o abandono dos estudos. Isso mesmo, jovens estão deixando de estudar, perdendo oportunidades de um futuro melhor, porque não se sentem seguros dentro da sala da aula.

Crianças e adolescentes alvos de bullying podem apresentar insônia, baixa autoestima, depressão e podem também desenvolver transtornos como a fobia escolar, um medo exagerado de frequentar a escola que pode prejudicar os estudos. Outra grave consequência do bullying é a prevalência de índices elevados de pensamentos de morte e ideação suicida. Nesses jovens, o risco aumentado de tentativas de suicídio existe principalmente quando há um quadro depressivo instalado e quando os níveis de estresse são muito elevados.

Com relação ao agressor, as consequências são devastadoras também. Identificamos que esses estudantes apresentam mais chances de fazer uso abusivo de álcool e drogas, maior envolvimento em brigas e com o crime, podem andar armados, apresentar problemas com a justiça e atitudes delinquentes, como furtos, agressões e destruição de patrimônio público, por exemplo.

Outro dado importante é que o padrão agressivo de comportamento demonstrado no colégio tende a se repetir na faculdade, no ambiente de trabalho e na vida adulta de uma forma geral. Os filhos de pais agressivos, violentos e autores de bullying apresentam mais chances de sofrer abuso físico e psicológico por seus pais e de desenvolver também o comportamento bullying no futuro.

Em 1999, os jovens americanos Eric Harris e Dylan Klebold, vítimas de bullying e cansados das humilhações recebidas na escola durante anos, invadiram fortemente armados a Columbine High School, em Littleton, Estado do Colorado, e, após matar 12 alunos, um professor e ferir dezenas de outros estudantes, cometeram suicídio na cafeteria da escola.

Tais exemplos reforçam a ideia de que o comportamento bullying está muito presente em nosso dia a dia e o sofrimento causado por ele pode resultar em consequências fatais. Importante ressaltar que a ira desses jovens americanos não se restringiu a seus agressores, e sim a todos os alunos e professores, que como testemunhas dos atos de bullying nunca intervieram contra esse tipo de violência.

Um dos casos de bullying com consequências trágicas e que mais me chocou foi o caso do garoto

Samuel Teles. Estudante de 17 anos de idade e morador da cidade de Silva Jardim, interior do Estado do Rio de Janeiro, o aluno era alvo de bullying na Escola Municipal Professora Vera Lucia Pereira. Tímido e de corpo franzino, Samuel era diariamente agredido com tapas e apelidado por alguns estudantes. Em setembro de 2008, Samuel foi brutalmente agredido na sala de aula com socos e chutes na cabeça por um grupo de dez alunos. Segundo relato de testemunhas, Samuel apanhou naquela manhã porque havia feito um novo corte de cabelo que desagradou seus agressores. Dias após o espancamento, o estudante faleceu vítima de contusão cerebral.

Débora era uma jovem de 15 anos de idade, estudante do primeiro ano do ensino médio e vivia com os pais na cidade de Niterói, Estado do Rio de Janeiro. Típica adolescente, Débora era fã das bandas Restart, NX Zero, Hori e passava as tardes escutando música, lendo sobre seus ídolos na internet e recortando fotos de revistas para colar em sua agenda.

Tudo parecia normal na vida da estudante se não fossem as violentas agressões que ela estava sofrendo na escola nos últimos meses. Um grupo de cinco alunas, lideradas por Angélica, uma das estudantes mais populares da escola, passou a isolá-la no recreio. Diziam que Débora era muito infantil, que seu corpo era de criança e que ainda não tinha beijado na boca.

A crueldade era tamanha que, na festa de quinze anos de uma das colegas de sala, Angélica pegou o microfone do DJ e falou em voz alta no momento em que Débora tentava se enturmar com um grupo de meninos:

— Gente, alguém quer fazer a boa ação da noite e beijar a boca virgem da Débora, coitadinha... a magrela tá carente e precisando de um macho.

Uma gargalhada coletiva tomou conta do salão de festas que contava com a presença de um grande número de adolescentes da escola. Como reunir forças e se defender dessa situação?

A agressão coletiva atingiu a alma da estudante, que saiu da casa de festas em disparada, e esta foi a última vez que a jovem foi vista por seus colegas de escola. Horas mais tarde, seus pais receberam a ligação telefônica que jamais desejaram ouvir e que nunca mais se esquecerão, um policial solicitava o comparecimento dos responsáveis a um cruzamento de uma importante avenida da cidade.

Segundo relatos de testemunhas, sem conter um choro intenso e após caminhar durante quase uma hora pelas ruas do bairro de Icaraí, a jovem se arremessou contra um ônibus que vinha em alta velocidade na direção contrária. Débora faleceu na hora.

Consequências aos Alvos

- Desinteresse pelos estudos
- Prejuízos acadêmicos
- Reprovação escolar
- Mudanças sucessivas de escolas
- Abandono escolar
- Estresse
- Insegurança
- Medo
- Problemas de autoestima
- Isolamento social
- Insônia
- Ansiedade
- Fobia escolar
- Depressão
- Suicídio

Consequências aos Bullies

- Uso abusivo de álcool e outras drogas
- Maior envolvimento em brigas corporais
- Criminalidade
- Posse de armas
- Problemas com a justiça
- Atos delinquentes
- Furtos
- Agressões
- Destruição de patrimônio público
- Repetição do padrão de comportamento na faculdade e no trabalho

CAPÍTULO 7

Sinais de Alerta: Como identificar se um aluno está sendo alvo de bullying?

Saber identificar crianças e adolescentes vítimas de bullying ou sob risco de se tornarem alvos dessa violência é muito importante para um trabalho preventivo e de intervenção na escola. Para tal, descrevo um guia de identificação de possíveis alvos de bullying a partir da observação do perfil psicológico de personagens reais envolvidos no problema e atendidos no consultório, e a partir das observações do pesquisador norueguês Dan Olweus.

Se seu filho ou aluno apresenta algumas dessas características, isso não significa que ele esteja envolvido com o bullying, entretanto demonstra um perfil comportamental que merece cuidado. Portanto, prestem atenção a essas pistas:

- ❑ Conquista poucos amigos.
- ❑ Passa o tempo do recreio escolar sozinho.
- ❑ Não possui um "melhor amigo".
- ❑ Chega em casa chorando, sem explicar o motivo.
- ❑ Tem medo de ir à escola.
- ❑ Chega em casa com o material escolar rasgado ou destruído.
- ❑ Tem o dinheiro ou outros pertences pessoais roubados repetidamente.
- ❑ Evita atividades escolares como grupos de estudo, passeios ou atividades esportivas.
- ❑ É xingado, ridicularizado ou recebe apelidos pejorativos dos colegas de sala.
- ❑ É intimidado, humilhado ou ameaçado por colegas de sala.
- ❑ Apresenta machucados, arranhões, roupas rasgadas, manchadas de giz ou riscadas de caneta constantemente e sem uma explicação lógica para tal.
- ❑ É agredido fisicamente, entretanto não é capaz de se defender.

- ❏ Está envolvido em brigas, levando sempre a pior.
- ❏ É excluído das brincadeiras ou dos esportes.
- ❏ Normalmente é o último atleta a ser escolhido nos times da educação física.
- ❏ Apresenta uma queda no rendimento acadêmico.
- ❏ Parece estar sempre infeliz, triste e desmotivado na escola.
- ❏ Fica inseguro nos momentos que antecedem sua ida à escola.
- ❏ Prefere a companhia de adultos no recreio escolar.
- ❏ Mostra-se inseguro ou ansioso em sala de aula.
- ❏ Nunca apresentou algum amigo aos pais.
- ❏ Diz preferir ficar sozinho na escola, sem uma explicação convincente.
- ❏ Não é convidado para festas de aniversário de colegas da escola.
- ❏ Nunca vai à casa de colegas de escola.
- ❏ Não deseja festa de aniversário, pois acredita que ninguém aceitará o convite.
- ❏ Dorme mal e queixa-se de pesadelos com a temática escolar.

- Desinteressa-se pelos estudos.
- Quer mudar de escola, sem apresentar um motivo plausível.
- Apresenta queixas físicas, como dores de cabeça, enjoos ou indisposição antecedendo a ida à escola.
- Escolhe caminhos diferentes para ir à escola, como se estivesse fugindo ou evitando alguém.

O caso da pequena Fernanda, estudante de 13 anos de idade e moradora da Tijuca, bairro da Zona Norte do Rio, ilustra o quanto é importante a participação dos pais e da escola na identificação e intervenção precoce nos casos de bullying.

Segundo o relato dos pais, Fernanda sempre foi uma excelente aluna, tinha um bom relacionamento com os outros estudantes, demonstrava muita alegria para ir à escola, sempre contando as novidades aos pais sobre as atividades escolares e sobre as amigas.

Entretanto, nos últimos meses seus pais perceberam uma mudança marcante em seu comportamento. Fernanda não estava feliz, demonstrava tristeza, desmotivação para ir à escola e insegurança nos momentos que antecediam a chegada do ônibus escolar. Outro grande sinal de alerta para os pais foi a queda no rendimento acadêmico e as notas baixas que nunca haviam ocorrido.

Os pais de Fernanda foram muito habilidosos no manejo dessa situação. Sentaram com a filha e conversaram durante o jantar sobre sua mudança de comportamento, questionando o que estava ocorrendo na escola. O diálogo e o acolhimento foram estratégias fundamentais para que Fernanda pudesse se sentir à vontade e conversar com os pais sobre as humilhações que estava sofrendo na escola.

Fernanda relatou que estava sendo perseguida por três meninos mais velhos durante o recreio escolar há mais de dois meses:

— Eles me chamam de gorda nariguda, me chutam e dão tapas na cabeça!

Os pais de Fernanda entraram em contato com a escola que agiu rapidamente, identificando os agressores e chamando seus pais para uma conversa. Foi constatado que Fernanda estava ficando muito ansiosa e insegura durante as aulas. Sua dificuldade em lidar com essa situação de violência passou a interferir muito em seu desempenho acadêmico, pois estava sempre preocupada com as ameaças e com as agressões verbais e físicas a que se sujeitava durante o recreio escolar e na saída da escola.

CAPÍTULO 8

Prevenção na escola e o programa antibullying

Este programa antibullying é baseado em extensa pesquisa que realizei a partir de projetos utilizados com muito sucesso em diversos países do mundo, no estudo que desenvolvo com meus alunos de mestrado na Bridgewater State University, onde sou professor visitante nos Estados Unidos, além de anos de experiência adquiridos no consultório e em consultorias para escolas no Brasil.

O objetivo do programa antibullying é aumentar o conhecimento, alertando e capacitando pais, professores, coordenadores pedagógicos, demais profissionais da educação e a sociedade de um modo geral sobre o bullying e a violência escolar. Além disso, visa a prevenir o surgimento de novos casos de violência escolar e a tratar os casos existentes na instituição de ensino.

Outra questão fundamental do programa é a busca pela melhoria das relações sociais entre os jovens, utilizando-se de conceitos de ética e moral para ajudar no desenvolvimento de um ambiente escolar saudável, seguro e acolhedor para todos. Isso tudo favorecerá a promoção da aprendizagem e estimulará uma cultura pacifista na escola e na vida.

Divido este programa antibullying em 20 itens essenciais, que devem ser implantados na escola para conseguirmos efetivamente combater o bullying. Gostaria de lembrar a todos que o programa antibullying tem data de início para a sua aplicação, mas não tem data de término. Este projeto de combate ao comportamento agressivo entre estudantes deve ser incorporado ao dia a dia da escola de forma continuada e deverá fazer parte da vida acadêmica de alunos, professores, pais e demais profissionais da educação. Isso significa que a implantação do projeto com duração limitada de um ou dois meses, por exemplo, não surtirá efeito algum. Portanto, o programa só será eficiente se for aplicado de forma continuada, e esse será o modelo ensinado.

Psicoeducação

O primeiro passo para se obter sucesso na implantação de um programa antibullying na escola é o trabalho psicoeducativo. Esse trabalho consiste em oferecer informação sobre o comportamento bullying aos pais, professores e demais profissionais da escola, incluindo todos os funcionários, como o pessoal da limpeza, da segurança, da cozinha, dentre outros.

O trabalho psicoeducativo pode ser realizado através de palestras, cursos, encontros de pais e mestres, reuniões e debates. A ideia principal é contextualizar e familiarizar todos com o problema, informando o que é o bullying, suas características, causas e consequências de curto, médio e longo prazo, enfatizando os possíveis prejuízos acadêmicos, sociais e de autoestima na vida dos estudantes.

Materiais informativos sobre o comportamento bullying devem ser repassados, como livros, guias, folhetos e cartilhas. Recursos audiovisuais, como filmes, vídeos, documentários e websites sobre este tema, podem ser indicados também.

Palestra Inicial aos Pais e Professores

Quando a instituição de ensino decidir a data de início do programa antibullying, será uma boa estratégia o oferecimento de uma palestra psicoeducativa inicial aos pais, responsáveis, professores e demais profissionais da escola. Durante a palestra, devem ser explicados todas as etapas e o processo de aplicação do projeto na escola. O convite à participação de todos será fundamental para a redução de comportamentos agressivos entre estudantes. Todos devem se sentir à vontade para elaborar perguntas, dúvidas, dividir experiências e sugestões com toda a equipe pedagógica. Ao término da palestra, todos devem sair com algum grau de conhecimento sobre o tema e compromissados com o programa.

Palestra Inicial aos Alunos

Obviamente será necessário que os alunos tenham bastante conhecimento sobre o bullying e suas consequências. A escola precisa se colocar como parceira e companheira dos estudantes na busca por um ambiente seguro, pacífico e livre da violência.

Uma boa dica será realizar uma palestra inicial separando os alunos por séries. A apresentação para um número reduzido de estudantes aumenta o interesse e a interação deles para a formulação de perguntas, depoimentos e sugestões de estratégias de combate ao bullying.

Projeto Mentor

O projeto mentor é uma estratégia de psicoeducação em que os alunos mais velhos são treinados por um professor sobre o bullying. Posteriormente esses alunos vão até as salas de aulas de crianças mais novas e oferecem palestras para ensiná-las sobre a violência escolar e orientá-las sobre as estratégias de combate desse problema.

Reuniões de Professores e Coordenação

Professores e coordenadores pedagógicos devem se reunir periodicamente para discutir a evolução do programa antibullying. Em muitas escolas o corpo docente costuma se reunir semanalmente para discutir aspectos pedagógicos. Minha sugestão é reservar alguns minutos da reunião pedagógica semanal para debater sobre as políticas antibullying implantadas, os resultados, problemas enfrentados, possíveis soluções e novas estratégias a serem desenvolvidas na escola. Representantes de turma podem ser convidados para discutir o problema e ajudar na busca por soluções.

Disciplina de Ética e Problemas Sociais

Vivenciei uma experiência interessante no colégio em que estudei nos Estados Unidos há mais de 15 anos. A disciplina se chamava Problemas Sociais, e o objetivo era orientar os alunos sobre questões do nosso cotidiano como drogas, sexo, gravidez na adolescência, violência, criminalidade, ética e comportamento bullying.

Cada vez mais tenho a convicção de que para termos sucesso na aplicação de um programa antibullying teremos que criar estratégias de diálogo com o jovem, falar e saber ouvi-lo. Assim, poderemos discutir, orientar e buscar saídas através da troca de informação, pois muitas vezes uma determinada estratégia antibullying pode ser muito eficiente em uma escola e pouco produtiva em outra, tudo dependerá de múltiplas variáveis. A única forma de conhecê-las será através do diálogo com o estudante.

Uma disciplina que aborde conceitos éticos relativos aos problemas sociais do dia a dia do aluno pode ser uma forma de identificar situações problemáticas e ajudar na busca por soluções práticas e duradouras.

Caixa de Recados

A caixa de recados funciona como um canal de comunicação entre estudantes e educadores, onde os alunos podem reportar incidentes, pedir ajuda e denunciar atos de bullying, por exemplo. A possibilidade de anonimato pode ser importante em casos em que a criança ou adolescente não se sintam confortáveis em falar diretamente sobre o assunto com um professor. Essa caixa de recados pode ficar em locais estratégicos da escola, como corredores e pátio escolar. Outra opção pode ser a criação de uma caixa virtual de recados, utilizando um endereço de e-mail.

Supervisão do Ambiente Escolar

Os estudos indicam que muitos episódios de bullying ocorrem na escola em situações em que não existe nenhuma supervisão de um adulto. Por esse motivo, as áreas livres, como pátios, jardins, quadras poliesportivas e campos de recreação e lazer utilizados durante os recreios escolares, são locais que devem ser bem supervisionados por professores ou monitores.

Essa supervisão será importante e necessária, entretanto esses profissionais precisam estar capacitados para saber intervir rapidamente quando presenciarem casos de bullying ou mesmo para intervir em situações em que esteja suspeitando que algo possa ocorrer. A mensagem que todo monitor deve passar aos estudantes é clara: "O bullying não será tolerado!" Um posicionamento firme da escola perante o bullying fomentará a descontinuação de comportamentos agressivos de bullies contra outros estudantes e passará uma mensagem clara que a quebra dessa regra representará consequências negativas a eles.

Além de atuar na inibição e na interrupção de atos de bullying, a professora dos alunos envolvidos deve ser informada, nos casos de alunos do ensino fundamental, enquanto que para alunos do ensino médio a referência pode ser a coordenadora pedagógica.

Constituição Antibullying

Há um tempo fiz uma experiência interessante em uma escola em Petrópolis, Estado do Rio de Janeiro. Havia uma turma do sétimo ano do ensino fundamental em que o bullying estava ocorrendo em larga escala e, como diziam os professores: "estava contaminando toda a escola." Então, sugeri uma nova estratégia, a criação de uma "constituição" pelos alunos dessa turma.

Essa atividade teve início com a professora de história, que conversou com os alunos sobre o comportamento bullying, suas implicações éticas e os prejuízos a que todos estavam expostos com esse comportamento. Além disso, debateram sobre a importância de regras para proteger e fortalecer a democracia e o desenvolvimento da amizade e de uma cultura pacifista no mundo. Conflitos étnicos, guerras e combates em diversos países do mundo serviram de exemplo para mostrar que a busca por poder a qualquer custo, a intolerancia, a agressividade, o preconceito religioso ou aversão a estrangeiros, por exemplo, somados à falta de diálogo trouxeram infelicidade, destruição e morte para muitos povos.

Desse debate foi concluído que algo deveria e poderia ser feito para interromper o bullying entre os alunos. Também decidiram que um conjunto de regras criadas e desenvolvidas pelos próprios estudantes seria o primeiro passo na busca do equilíbrio e da paz na sala de aula.

A partir daí a professora guiou os alunos no desenvolvimento da *Constituição antibullying da turma 704 do sétimo ano* e descreveram 5 regras que deveriam ser seguidas:

- ❏ O bullying não será tolerado.
- ❏ Nós não vamos agredir outros estudantes.
- ❏ Vamos ajudar colegas vítimas de bullying.
- ❏ Vamos incluir qualquer aluno deixado de lado no recreio escolar.
- ❏ Contaremos a um adulto em casa e na escola caso presenciemos um ato de bullying.

Além das 5 regras antibullying, os estudantes determinaram que caso algum aluno quebrasse as regras, agredindo outro estudante, ele seria julgado e punido pelos próprios colegas e mediado pela professora Daniela, que se tornou a coordenadora da turma sobre os assuntos relativos ao bullying. Casos graves seriam encaminhados à direção da escola, enquanto que os casos mais simples poderiam ser resolvidos dentro da própria sala de aula.

Uma carta foi escrita com todos os conceitos, regras e consequências da *Constituição antibullying da turma 704 do sétimo ano* e assinada por todos os alunos e pela professora Daniela. Além disso, um grande cartaz foi produzido e afixado no mural de recados da sala.

O modelo antibullying criado pelos alunos do sétimo ano fez tanto sucesso que foi incorporado em toda a escola, e serviu de modelo para a aplicação no ensino médio também. Hoje, todos que entram na escola podem ver os cartazes antibullying espalhados pelo pátio, banheiros e salas de aula.

Uma constatação importante foi que, quando os alunos participam da discussão dos problemas, na criação de regras e punições por mau comportamento, eles são mais aptos a segui-las e mais rígidos com os desvios de conduta. Portanto, sugiro que exista um debate com a participação dos estudantes nas tomadas de decisões da instituição de ensino, através de reuniões, votações e conversas. Esse exercício democrático favorecerá atitudes mais acertivas da direção e da coordenação pedagógica, promoverá a harmonia na escola e será mais uma aula de cidadania aos alunos.

Como podem notar, os conceitos trabalhados na *Constituição antibullying da turma 704 do sétimo ano* não se restringem apenas ao comportamento bullying, mas são conceitos éticos e morais que servem de modelo para a formação do caráter e de cidadãos responsáveis e promotores da paz, do diálogo, da democracia e do respeito mútuo. Afinal, qual é o objetivo da instituição de ensino? Será que é apenas capacitá-los para passar na prova do vestibular? Será que esse não é um dos motivos de vivermos em uma sociedade violenta, agressiva, individualista e egoísta?

Elogios e Punições

Os professores devem elogiar comportamentos positivos dos alunos quando identificam situações em que as regras antibullying são respeitadas, por exemplo: quando os alunos demonstram atitudes para incluir colegas que estejam sozinhos no recreio, ou quando recriminam um bully que tenta humilhar outro estudante. Um aluno que seja autor de bullying pode ser elogiado quando não reage desrespeitando ou agredindo outro colega.

Todos nós sabemos que os elogios são excelentes reforçadores de comportamentos positivos, entretanto muitas vezes teremos que utilizar técnicas de punição para corrigir e interromper comportamentos desarmoniosos e agressivos de alunos. A escolha do tipo de punição deve levar em consideração a idade, o sexo, a personalidade e as características de cada estudante, assim como a gravidade do ato a ser repreendido.

Basicamente o estudante deve receber através da punição uma mensagem clara de que seu comportamento é inaceitável e o bullying não é tolerado em hipótese alguma. Possíveis punições: uma conversa individual após o horário da aula ou durante o recreio; perda de privilégios; perda de parte do recreio escolar; trabalho comunitário na escola após o horário de aula; uma conversa com a coordenadora pedagógica; uma conversa com o diretor; comunicar aos pais do estudante sobre o problema ocorrido na escola; chamar os pais do estudante para uma conversa particular com a direção.

Role Playing

O *role playing* é outra técnica que pode ser utilizada no combate ao bullying. Consiste na criação de uma minipeça de teatro em que os alunos encenam um tema que está relacionado ao bullying: desrespeito, preconceito, intolerância, agressividade e poder. Esse tema pode surgir de exemplos concretos na sala de aula ou em outras situações. Após a encenação, mediados pela professora, os estudantes podem debater e discutir aspectos éticos e morais. É muito importante ressaltar que, quando os alunos se "escondem" atrás de um personagem fictício, eles são capazes de conversar e discutir temas considerados tabus. O estímulo ao debate faz parte da aprendizagem e o *role playing* se mostra mais uma ferramenta valiosa no modelo de combate ao bullying.

Trabalhos de Grupo

Os trabalhos de grupo podem ser uma excelente opção para ensinar e estimular o estudo do bullying pelos alunos. Recordo-me de um colégio que orientei no desenvolvimento de um programa antibullying em que os alunos criaram uma cartilha de responsabilidades sobre a violência na escola. Outra escola conseguiu motivar muito seus estudantes a partir da elaboração de um concurso para a criação de um pôster do programa antibullying liderados pela professora de artes.

Atividades Extracurriculares

Atividades extracurriculares, como passeios e visitas a museus ou a uma reserva ambiental, por exemplo, podem ter um impacto positivo no relacionamento dos estudantes. Conceitos de solidariedade, trabalho em equipe e amizade podem ser estimulados e compartilhados entre alunos, professores, coordenadores e monitores. Nessas atividades será muito importante que a equipe pedagógica esteja atenta para que todos os estudantes sejam incluídos e se divirtam!

Esporte

O esporte pode representar um grande fator de inclusão entre todos os alunos. O papel do professor de educação física será fundamental para isso. Durante atividades esportivas, crianças e adolescentes terão a possibilidade de aprender sobre a importância do trabalho em equipe e poderão desenvolver conceitos essenciais para a vida adulta como disciplina, hierarquia, amizade, ética, respeito, motivação, confiança e equilíbrio emocional.

Para que consigamos desenvolver todas essas habilidades será necessária a presença de um professor capacitado e que saiba trabalhar as diferenças de cada estudante para inclui-lo de forma adequada ao grupo.

Pelo estudo dos perfis psicológicos de crianças e adolescentes mais aptos a se tornarem alvos de bullying encontramos alunos inseguros, apáticos e sem habilidades na comunicação e nos esportes. Por isso, saber identificar estudantes com esse perfil será muito importante para que possamos desenvolver suas potencialidades e torná-los mais talentosos na comunicação, no relacionamento social e nos esportes. Dessa forma, teremos a chance de diminuir a possibilidade de se tornarem alvos ou vítimas do bullying.

Normalmente alunos com essas características são deixados de lado nas atividades físicas, e nas atividades de grupo são sempre as últimas crianças a serem escolhidas para as equipes de esporte coletivo, como futebol, basquete, vôlei ou handball. Nessa situação o professor pode utilizar uma estratégia muito simples e igualmente eficaz. Quanto tiver que formar dois times, em vez de escolher aleatoriamente dois estudantes para formar as equipes, escolha aqueles menos habilidosos no esporte. Você pode ter certeza de que esses dois alunos irão escolher os melhores atletas para suas equipes, além de estar favorecendo suas interações sociais, estimulando a comunicação, mostrando a todos os estudantes que eles também são capazes de exercer certa liderança e, como resultado final, estará fortalecendo a autoestima desses estudantes.

Já observei muitos casos em que o esporte ajudou estudantes alvos de bullying a recuperarem a autoestima e a se posicionarem melhor contra esse tipo de violência. Costumo dizer que nos esportes ninguém é ruim em tudo. Com muito empenho do estudante e do professor de educação física, podemos descobrir aquele esporte em que o aluno é mais habilidoso, e que pode ser estimulado e reforçado.

Todos os esportes podem ser utilizados para o desenvolvimento de habilidades atléticas e sociais em crianças e adolescentes vítimas de bullying ou com risco de se tornarem alvos dessa violência. O que fará a diferença será quão habilidoso o professor de educação física é e a qual esporte o estudante se adapta melhor.

Outra questão importante é a possibilidade de ensinar esportes de luta. Além de todos os benefícios sociais, o objetivo mais específico dos esportes de luta, como judô, caratê, capoeira ou jiu-jítsu, por exemplo, não é tornar o estudante apto à briga, e sim ensinar técnicas de defesa pessoal que fortaleçam sua autoestima. Lembre-se de que o bully estará procurando aquelas crianças ou adolescentes que não sabem e não conseguem se defender dos atos agressivos. Nesse caso, o bully pensará duas vezes antes de escolher esse estudante como alvo de sua violência.

Um dado muito importante foi identificado nos estudos do pesquisador Dan Olweus com relação à associação entre força física e popularidade entre meninos. Aparentemente aqueles alunos fisicamente mais fortes são mais populares na escola e consequentemente menos propensos a se tornarem alvos de bullying, enquanto que estudantes mais fracos tendem a ser menos populares. Além do fator popularidade, os alunos mais fortes estão mais protegidos, pois são vistos pelos bullies como uma opção ruim de ataque, por serem garotos capazes de se defender caso sejam atacados.

Amigos Facilitadores

Toda turma de colégio possui alunos extremamente habilidosos. São líderes na sala, comunicativos, tiram boas notas e possuem boa índole. Muitas vezes os professores podem contar com uma ajuda informal desses estudantes, solicitando que façam companhia e incluam aqueles alunos deixados de lado no recreio ou que sejam vítimas de bullying. Essa atitude aumenta as chances do aluno pouco habilidoso e com poucos amigos de ser incluído e de fazer novas amizades. Em contrapartida, o bully se sentirá constrangido de atacar um amigo do garoto popular da escola.

Prevenção ao Cyberbullying

Ensinar estratégias de prevenção ao cyberbullying é essencial para o sucesso do programa, visto que o bullying cibernético tem crescido assustadoramente entre estudantes brasileiros. Essas informações devem ser divididas com os pais das crianças e adolescentes, pois eles terão as melhores oportunidades de trabalhar os conceitos de prevenção ao cyberbullying. Lembrando que essas informações são também importantes para a prevenção de outra epidemia cibernética, a pedofilia.

Eis as principais dicas:
- Converse sobre o cyberbullying com seu filho e sobre as implicações disso.
- Monitore o uso do computador e verifique que tipos de sites ele costuma visitar.
- Questione seu filho sobre quem são suas amizades online.
- Ensine seu filho a bloquear bullies e estranhos em redes sociais como MSN, Facebook e Orkut.
- Oriente para que ele nunca ofereça informações pessoais como número de telefone e endereço para estranhos.
- Ensine-o a criar senhas difíceis de serem descobertas, misturando letras e números para dificultar a ação de hackers.
- Oriente para que ele não forneça a senha pessoal de e-mails ou páginas de relacionamento como Orkut e Facebook, mesmo que para amigos.

- Não permita que publique fotos muito expositivas (vestindo maiôs e biquínis, ou que possa ser identificado o colégio onde estuda ou a residência onde vive).
- Avise que tudo o que ele escrever poderá ser copiado e enviado pela internet para qualquer pessoa.
- Ensine que não se comunique ou responda a e-mail de desconhecidos.
- Explique que muitas vezes pessoas mentem a idade e a profissão para se aproximar e possivelmente fazer mal a outra pessoa.
- Oriente que saia da internet caso perceba ou visualize algo considerado agressivo ou errado.

Conversa com o Agressor e a Vítima:

Após a identificação de um caso de bullying na escola será fundamental a conversa com os personagens dessa história. Inicialmente isso deve ser feito individualmente com o autor ou autores de bullying, e em outro momento com o alvo das agressões.

A escola deve deixar claro ao autor de bullying que esse comportamento não será tolerado em hipótese alguma e que punições serão adotadas.

Outra questão importante é avaliar a possibilidade de essa criança estar passando por problemas psicológicos importantes ou por questões familiares que justifiquem seu comportamento. Portanto, dependendo da gravidade e da incidência dos atos, os pais devem ser chamados para uma conversa também.

No caso da vítima, devemos apoiá-la, oferecer auxílio, mostrar que o bullying não será permitido, e dizer que ela receberá toda a proteção e ajuda necessária para superar esse problema. Teremos também que estar atentos aos problemas emocionais e questões domésticas que estejam colaborando para as agressões na escola e chamar os pais para uma reunião.

Separação dos Bullies

Normalmente os autores de bullying andam em grupo para atacar as vítimas. Uma estratégia inteligente é a separação desses alunos em diferentes turmas escolares, diminuindo o poder dos bullies e protegendo as vítimas das possíveis agressões. Esse tipo de conduta pela coordenação pedagógica envia uma poderosa mensagem aos agressores de que seus atos geram consequências e que o bullying será combatido na escola.

Encaminhamento dos Casos Graves

Devido à possibilidade da existência de transtornos comportamentais entre os autores e alvos de bullying, todos os casos graves deverão ser encaminhados para avaliação médica com o especialista em comportamento infantil, o médico psiquiatra da infância e adolescência. Ele será o profissional capacitado para avaliar, diagnosticar e tratar problemas comportamentais como o transtorno desafiador opositivo, transtorno de conduta, transtorno de déficit de atenção/hiperatividade, fobia social, síndrome de Asperger e outros comportamentos problemáticos envolvendo o risco de suicídio, como nos casos de depressão grave.

Treinamento em Habilidades Sociais

Crianças e adolescentes com um perfil psicológico com risco de se tornarem alvos de bullying podem se beneficiar de treinamentos em habilidades sociais ou de terapia comportamental. Eles terão a chance de aprender a fazer novas amizades e de interagir com outros estudantes de forma mais habilidosa. Esses jovens poderão aprender também a se defender de forma eficiente contra as possíveis agressões dos bullies.

Conclusão

Os estudos e pesquisas realizados em escolas onde programas antibullying foram implantados revelam que há uma redução em mais de cinquenta por cento dos casos de bullying escolar, além da diminuição de comportamentos de conduta, como vandalismo, brigas, furtos e violência em geral. Há também uma melhora nas relações sociais entre alunos e professores, promovendo um clima de amizade, cooperação e disciplina que favorece a aprendizagem de todos.

É muito importante ressaltar que o programa apresenta melhores resultados quando aplicado de uma maneira continuada, e não como um projeto rápido e episódico.

Não podemos continuar assistindo a essa violência dia após dia sem tomar uma atitude positiva e eficiente, portanto desejo muita sorte e sucesso na aplicação do programa antibullying.

Resumo do Programa Antibullying

- Psicoeducação
- Palestra inicial aos pais e professores
- Palestra inicial aos alunos
- Projeto mentor
- Reuniões de professores e coordenação
- Disciplina de Ética e Problemas Sociais
- Caixa de recados
- Supervisão do ambiente escolar
- Constituição antibullying
- Elogios e punições
- *Role playing*
- Trabalhos de grupo
- Atividades extracurriculares
- Esporte
- Amigos facilitadores
- Prevenção ao cyberbullying
- Conversa com o agressor e a vítima
- Separação dos bullies
- Encaminhamento dos casos graves
- Treinamento em habilidades sociais

CAPÍTULO 9

Guia dos Pais

O Que os Pais dos Bullies Podem Fazer?

Inicialmente, os pais de crianças ou adolescentes autores de bullying devem conversar com a coordenação pedagógica da escola para se interar dos fatos e se posicionar diante do problema, mostrando ao filho ou filha que esse tipo de comportamento é errado e deve ser interrompido imediatamente.

Os pais devem conversar e combinar com a criança ou adolescente as regras básicas de convívio social e respeito. Punições por mau comportamento devem ser enfatizadas, mas castigos físicos precisam ser evitados para não reforçarem a agressividade e a violência como uma forma de lidar com problemas.

Atividades recreativas entre pais e filhos são uma dica importante, pois estimulam o relacionamento e a interação social da criança com suas principais referências afetivas e de autoridade. Pais podem aprender mais sobre o comportamento dos filhos, e quanto melhor for essa relação, melhores serão as chances de termos sucesso na aplicação de regras e limites, por exemplo.

Dicas aos Pais

- Converse com seu filho a respeito do bullying, suas manifestações e consequências.
- Mostre a importância do respeito mútuo e de saber tolerar as diferenças de cada um.
- Diga que a violência deve ser sempre evitada.
- Tente identificar as razões para o comportamento agressivo.
- Procure a escola, converse com professores e funcionários sobre o problema.

O Que os Pais das Vítimas Podem Fazer?

Se os pais suspeitam que o filho ou a filha é vítima de bullying na escola, eles devem entrar em contato com a coordenação pedagógica o quanto antes e agendar um encontro para discutir o problema.

É comum ver pais que aumentam o isolamento dos filhos como uma tentativa de "protegê-los" das agressões. Essa superproteção é altamente prejudicial à criança, pois tende a afastá-la dos outros estudantes, e prejudica o desenvolvimento de habilidades sociais. Em vez de superproteção, pais devem trabalhar juntamente com a escola no desenvolvimento de estratégias que eliminem a violência escolar, além de pensar em atitudes mais acertivas, e positivas como o estímulo à prática esportiva, para aumentar a interação social com outras crianças, melhorar a autoestima e a socialização.

CAPÍTULO 10

SITES RECOMENDADOS

A rede mundial de computadores disponibiliza uma série de websites que oferecem dicas e informações úteis para pais e professores sobre o comportamento bullying:

www.comportamentoinfantil.com
www.observatoriodainfancia.com.br
www.bullying.com.br
www.safernet.org.br

Bibliografia

American Psychiatric Association DSM-IV-TR. Diagnostic and Statistical Manual of Mental Disorders. 4ª ed. Text revision. Washington DC: American Psychiatric Association; 2000.

Baldry, A.C. "Bullying in schools and exposure to domestic violence". *Child abuse & neglect*, n. 27, jul. 2003, p. 713-32.

Fekkes, M. et al. "Bullying behavior and associations with psychosomatic camplaints and depression in victims". *The journal of Pediatrics*, n. 114, jan. 2004, p. 17-22.

Friedman, M. S. et al. "The impact of gender-role non-conforming behavior, bullying and social support on suicidality among gay male youth". *J Adolesc Health*, n. 38, maio 2006, p. 621-3.

Haber, J. *Bullyproof your child for life: protect your child from teasing, taunting and bullying for good*. Perigee Book, 1ª ed., 2007.

Hoover, J. H. *The bullying prevention handbook: a guide for principals, teachers and counselors*. Solution Tree, 2ª ed., 2008.

Ivarsson, T. et al. "Bullying in adolescence: psychiatric problems in victims and bullies as measured by the youth self report and the depression self-rating scale". *Nord J Psychiatry*, n. 59, 2005, p. 365-73.

Jerome, L. "Bullying by internet". *J Am Acad Child Adolesc Psychiatry*, n. 42, jul. 2003, p. 751.

Kim, Y.S. et al. "School bullying and youth violence: causes or consequences of psychopathologic behavior?" *Arch Gen Psychiatry*. set. 2006; 63(9): 1035-41

Klomek A. B. et al. "Bullying, depression and suicidiality in adolescents". Psychiatr Danub, n. 18, set. 2006.

Little, L. "Peer victimization of children with Asperger spectrum disorders". *J Am Child Adolesc Psychiatry*, n. 40, set. 2001, p. 995-6.

Lopes, A. A. *Diga não para o bullying: programa de redução do comportamento agressivo entre estudantes*. Abrapia, 2003.

McCabe, R. E. et al. "Preliminary examination of the relationship between anxiety disorders in adults and self-reported history of teasing or bullying experiences". *Cognitive Behavior Therapy*, n. 32, nov. 2003, p. 187-93.

Nansel, T. R. et al. "Bullying behaviors among U.S. youth: Prevalence and association with psychosocial adjustment". *Journal of the American Medical Association*, n. 285, 2001, p. 2094-100.

Olweus, D. *Bullying at school: what we know and what we can do*. Blackwell Publishing, 1993.

Organização Mundial de Saúde. Classificação Estatística Internacional de doenças e problemas relacionados à saúde. 10ª ed. São Paulo: EDUSP, 1996.

Scaglione, J. *Bully-proofing children: a practical, hands-on guide to stop bullying*. Rowman & Littlefield Education, 2006.

Stein, J. A. et al. "Adolescents male bullies, victims and bully-victims: a comparison of psychosocial and behavioral characteristics". *J Pediatr Psychol*, ago. 2006.

Swearer, S. M. et al. *Bullying prevention & intervention: realistic strategies for schools*. The Guilford Press, 2009.

Teixeira, G. *Transtornos comportamentais na infância e adolescência*. Editora Rubio, 2006.

_____ *Drogas: guia para pais e professores*. Editora Rubio, 2007.

_____ *O reizinho da casa: entendendo o mundo das crianças opositivas, desafiadoras e desobedientes*. Editora Rubio, 2009.

Ybarra, M. L. et al. "Examining characteristics and associated distress related to internet harassment: findings from the second youth internet safety survey". *Pediatrics*, n. 118, out. 2006, p. 1169-77.

Sites de Referência

http://glo.bo/B6lSp. Acessado em 10/09/2010.
http://glo.bo/eMEXTE. Acessado em 10/09/2010.
http://glo.bo/9nv88a. Acessado em 10/09/2010.
http://glo.bo/9WxemU. Acessado em 10/09/2010.
http://glo.bo/hVy7nV. Acessado em 10/09/2010.
http://www.aacap.org. Acessado em 10/09/2010.
http://www.bullyfree.com. Acessado em 10/09/2010.
http://www.bullying.org. Acessado em 10/09/2010.
http://www.cyberbullying.org. Acessado em 10/09/2010.

O AUTOR

Gustavo Teixeira é natural de São José do Rio Preto, Estado de São Paulo. Estudou nos Estados Unidos, graduando-se pela South High School, em Denver, Estado do Colorado, onde aprendeu sobre programas escolares de inclusão de crianças com necessidades especiais.

Dr. Gustavo se formou médico aos 25 anos de idade e continuou os estudos no Instituto de Psiquiatria da Universidade Federal do Rio de Janeiro. Ele é especializado em Dependência Química pela Universidade Federal de São Paulo, em Saúde Mental Infantil pela Santa Casa do Rio de Janeiro e possui curso de extensão em Psicofarmacologia da infância e adolescência pela Harvard Medical School.

Ele é mestrando em Educação pela Framingham State University, nos Estados Unidos, onde desenvolve importante trabalho de psicoeducação nos transtornos comportamentais infantis.

Palestrante internacional em inclusão e educação especial, Dr. Gustavo já apresentou dezenas de workshops na Austrália, Coreia do Sul, Áustria, escolas internacionais e cursos de verão nos Estados Unidos para o Department of Special Education and Communication Disorders da Bridgewater State University, Massachusetts, onde é professor visitante. No Brasil, ele também realiza palestras em universidades e escolas para orientar professores sobre as principais condições comportamentais que afetam crianças e adolescentes no ambiente escolar.

Dr. Gustavo é membro da American Academy of Child and Adolescent Psychiatry, a mais prestigiada associação internacional de médicos especialistas em comportamento infantil, membro da Harvard Medical School Postgraduate Association e da Associação Brasileira de Neurologia e Psiquiatria Infantil.

O AUTOR

Apaixonado pelo estudo do comportamento infantil, Dr. Gustavo Teixeira criou em 2005 o site comportamentoinfantil.com, referência em transtornos comportamentais infantis. Ele publicou também livros psicoeducacionais de sucesso como: *Transtornos comportamentais na infância e adolescência* (2006); *Drogas: guia para pais e professores* (2007); *O reizinho da casa: entendendo o mundo das crianças opositivas, desafiadoras e desobedientes* (2009).

Contatos

Contatos para palestras, cursos, entrevistas e consultas:

(21) 2710-6729
(21) 8232-2785
comportamentoinfantil@hotmail.com
www.comportamentoinfantil.com

Este livro foi composto na tipologia Class Garamond BT,
em corpo 12/18,8, impresso em papel off-white 80g/m²,
no Sistema Cameron da Divisão Gráfica
da Distribuidora Record.